ALICE CHEMAMA

GRIZZLY JAM

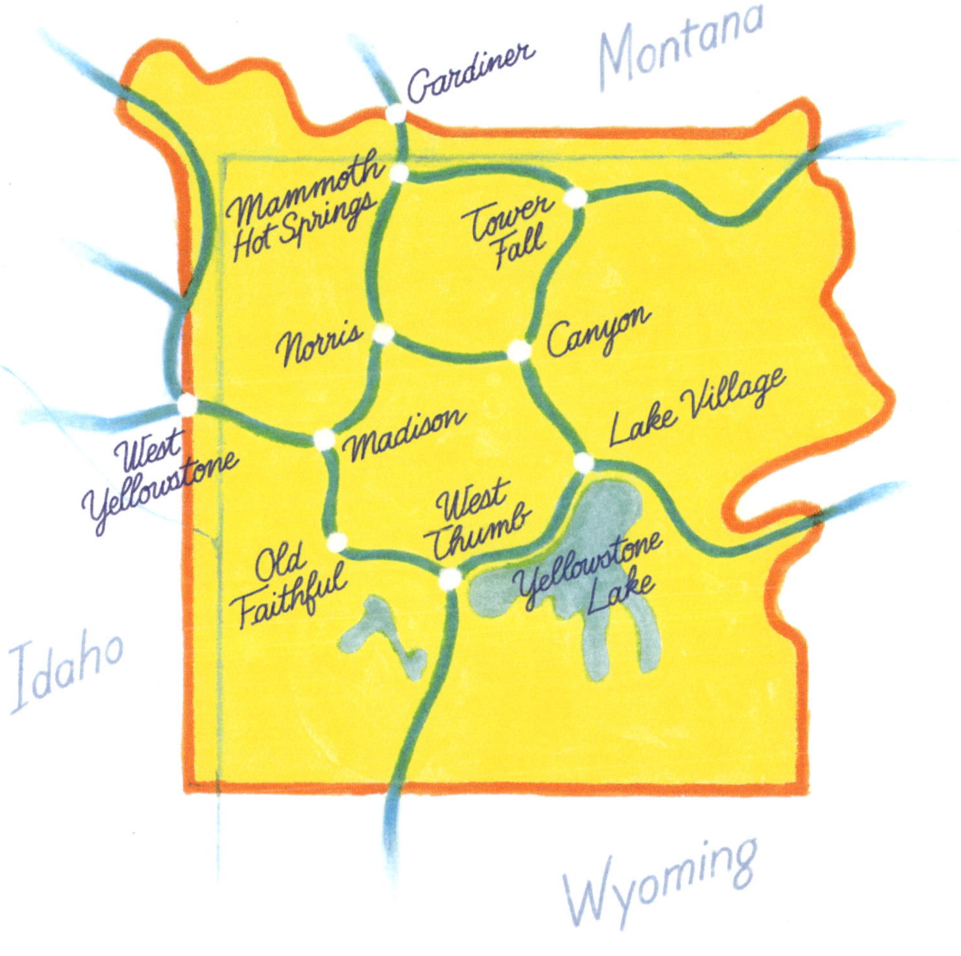

DARGAUD
PARIS BARCELONE BRUXELLES HONG KONG LAUSANNE LONDRES MONTREAL NEW YORK SHANGHAI

Pour Didi

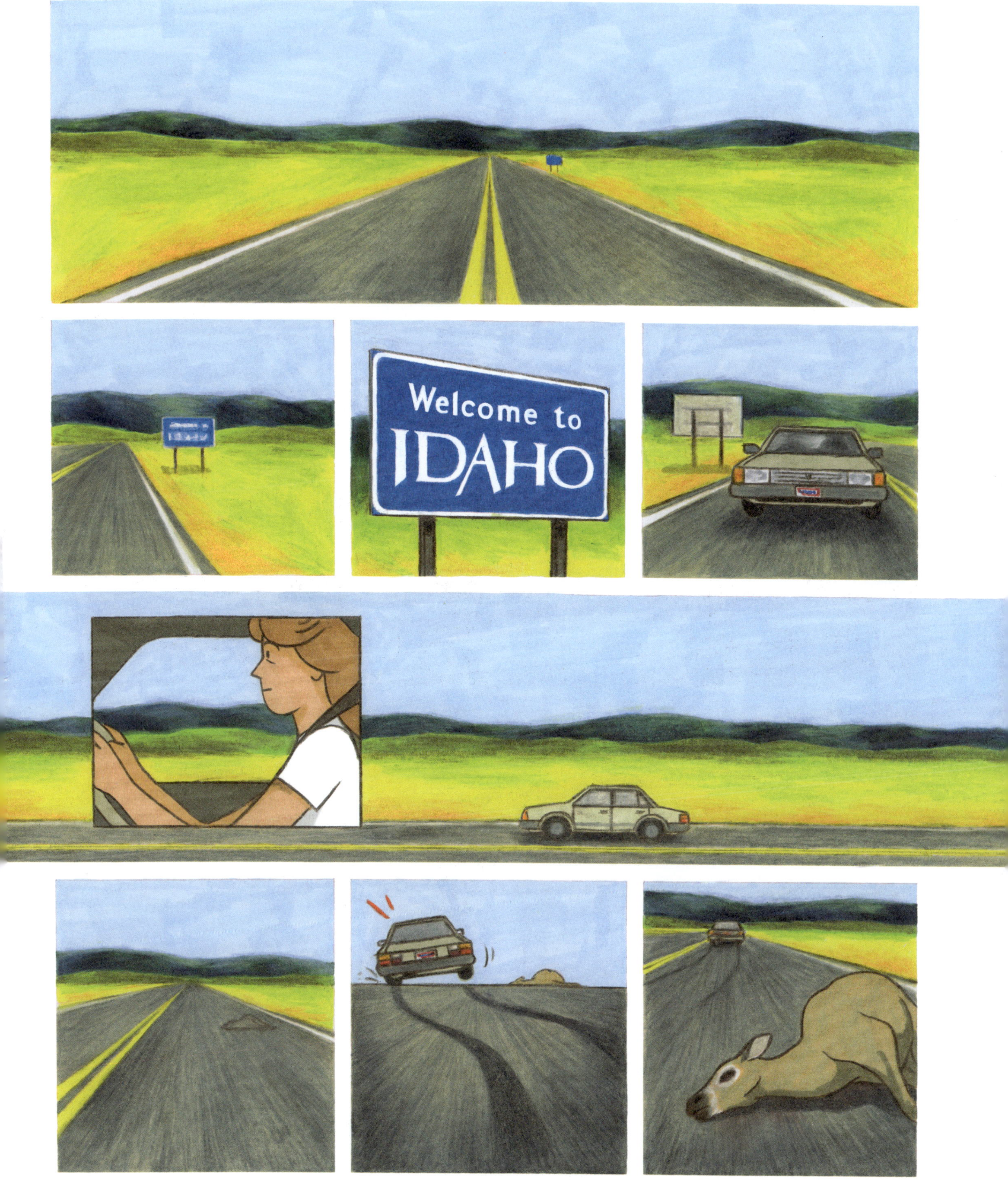
Welcome to
IDAHO

SPEED LIMIT 65
REPORT DRUNK DRIVERS
CALL 911
BE BEAR AWARE
FOOD STORAGE REQUIRED
Oh Oh ...
Hein?!
Oui, c'est moi.
C'est normal que tous les voyants soient allumés?
...
Ah?
Bon.
Quelle voiture de merde.
Non, non, pas encore.

Une quinzaine de minutes je pense.
Mh.
Bien sûr que je vais y aller!
HEAVEN WOODS
YELLOWSTONE NAT'L PARK
Yes, promis.
Bisous Grandma.

WELCOME TO
HEAVEN WOODS
Finest huckleberry jam
Ah ouais, de la piste carrément!
Vous êtes arrivée à destination.
SITTING BEAR
LODGE & CABINS
NO VACANCY

Hi!
La réception c'est la maison rouge.
Merci.
Yep.
RÉCEPTION

... "Sitting" comme dans "Sitting Bear", "GrizZ", grand G, petit r, petit i, petit z...
Oui...
Grand Z, puis ID, en majuscules aussi hein, puis 1...
Attendez!
...
Après?
1...
Mmh.
9...
Ah mince, j'étais pas en maj!
Bon, je vais vous l'écrire.

Franchement, vous voulez pas juste le déverrouiller? Personne va vous voler le wi-fi ici.
...
in de Californien.
HEAVEN WOODS Memories
Hein?
Mh?
Non, j'ai cru que vous aviez dit quelque chose.
Ah, non.
C'est bon?
HEAVEN WOODS
Yes! Ouf! Sauvé...
Merci infiniment.
Mais de rien.
Heeeeeeeeeeey!
Heeeey...
Tu dois être Marcia!

*Maisons en bois de type chalet, courantes dans la région.

Mais, il y en a ici?
Bien sûr, on est en "bear country" ma chérie. "grizzly country" même.
Et là, c'est mon mari.
Jack! Marcia est arrivée!
Oh Hi!
MAIS qu'est-ce...
Qu'est-ce que c'est que ça?!
Ah oui...
Euh...
Mes bottes étaient mouillées. HA HA HA!
Jésus-Christ.
Fais attention.
Toi aussi elle va t'obliger à porter des santiags.
Hi Hi Hi
Devant nos hôtes...
Sois la bienvenue en tout cas, Marcia!
Merci.
Mon Dieu, il va falloir faire quelque chose pour cette pauvre petite aussi.
Bon viens, je te montre chez toi.

Yes...
WESTERN WOMEN
Celle-là c'est ta grand-mère et moi!
L'été où l'on s'est rencontrées.
Pendant notre saison au Lake Hotel dans le parc en 65.

Il faut que je te laisse, honey, je dois retourner à l'accueil.
Jack te montrera tout demain matin.
Et pour tes jours off, on reste sur samedi-dimanche, right?
Yes!
N'hésite pas si tu as besoin de quelque chose.
Installe-toi bien!
CLAC
Greetings FROM WYOMING
YELLOWSTONE NATIONAL PARK
WEST THUMB YELL'2002
Wow!

YELLOWSTONE
PROTECT
OUR FORESTS
FLY FISHING
YELLOWSTONE RIVER
MONTANA
BIGFOOT BELIEVER
IDAHO
Huckleberry
JAM
YELLOWSTONE
AND PRISMATIC
DO NOT PET
THE FLUFFY
COWS
YELLOWSTONE NATIONA
C'est quelque chose
ce Yellowstone...
YELLO
FIRST NA

· WELCOME TO WONDERLAND ·
YELLOWSTONE
FIRST NATIONAL PARK
MONTANA · IDAHO · WYOMING

Bon ben je crois qu'on va dormir ensemble.

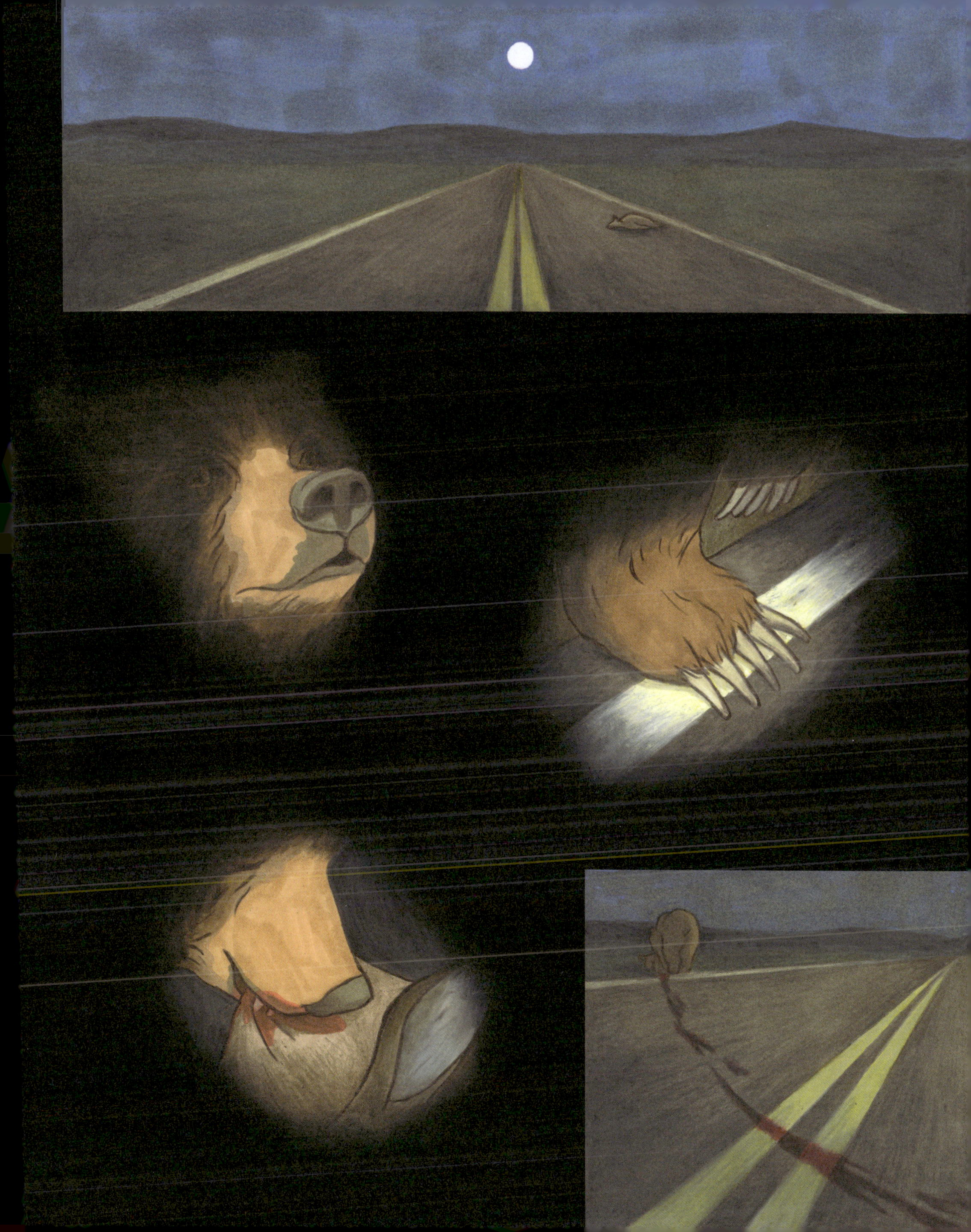

début juillet

Tap
Tap
Tap
Vous croyez que ça va aller ?
Chut !
Tap Clic Tap Tap Clic
Vous allez la déconcentrer !
Tap Tap Tap Clic
TAP
Et voilà.
Une bête erreur dans le code.
C'est tout.
L'article est en ligne.
Merci Marcia.
Marcia.
Mh ?
Salut Hank.
Hi.
On commence à débiter le tronc aujourd'hui.
Tchak Tchak Vbrrr
Bzzz zzz
Cool.
Reste pas trop près.

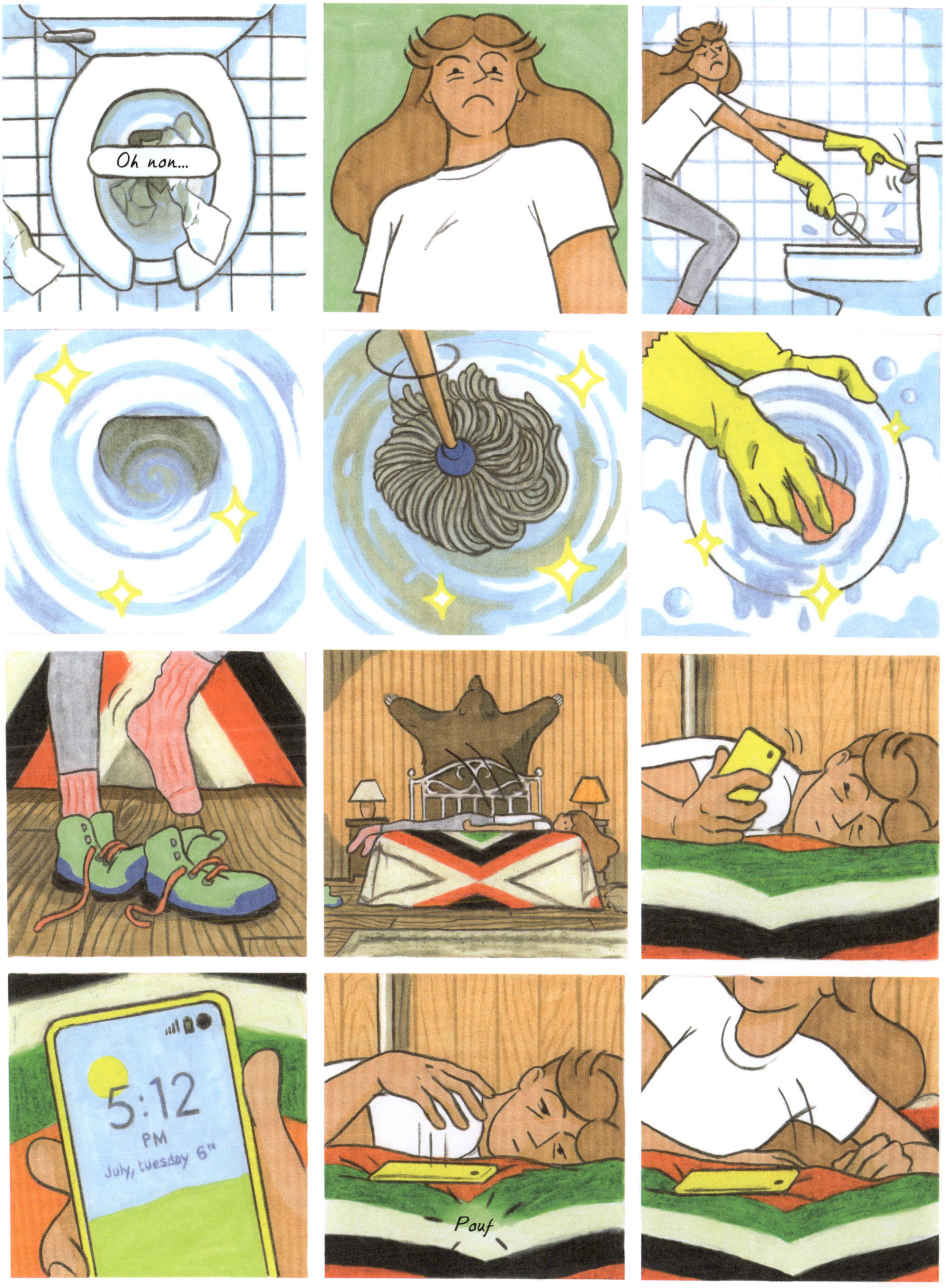

Oh non...
5:12
PM
July, tuesday 6th
Pouf

Owls of North America
Yellow
HISTORY
FIRST
Mi tse a-da-zi
Rivière Roche jaune.
Rivière... like zis, but euh jaune, yello.
Yellow rock? Yellow stone?
Oui!
Zis way.
April 1825
We arrived by a stream called Yellow Stone River
1872
Protection Act
Yellowstone National park

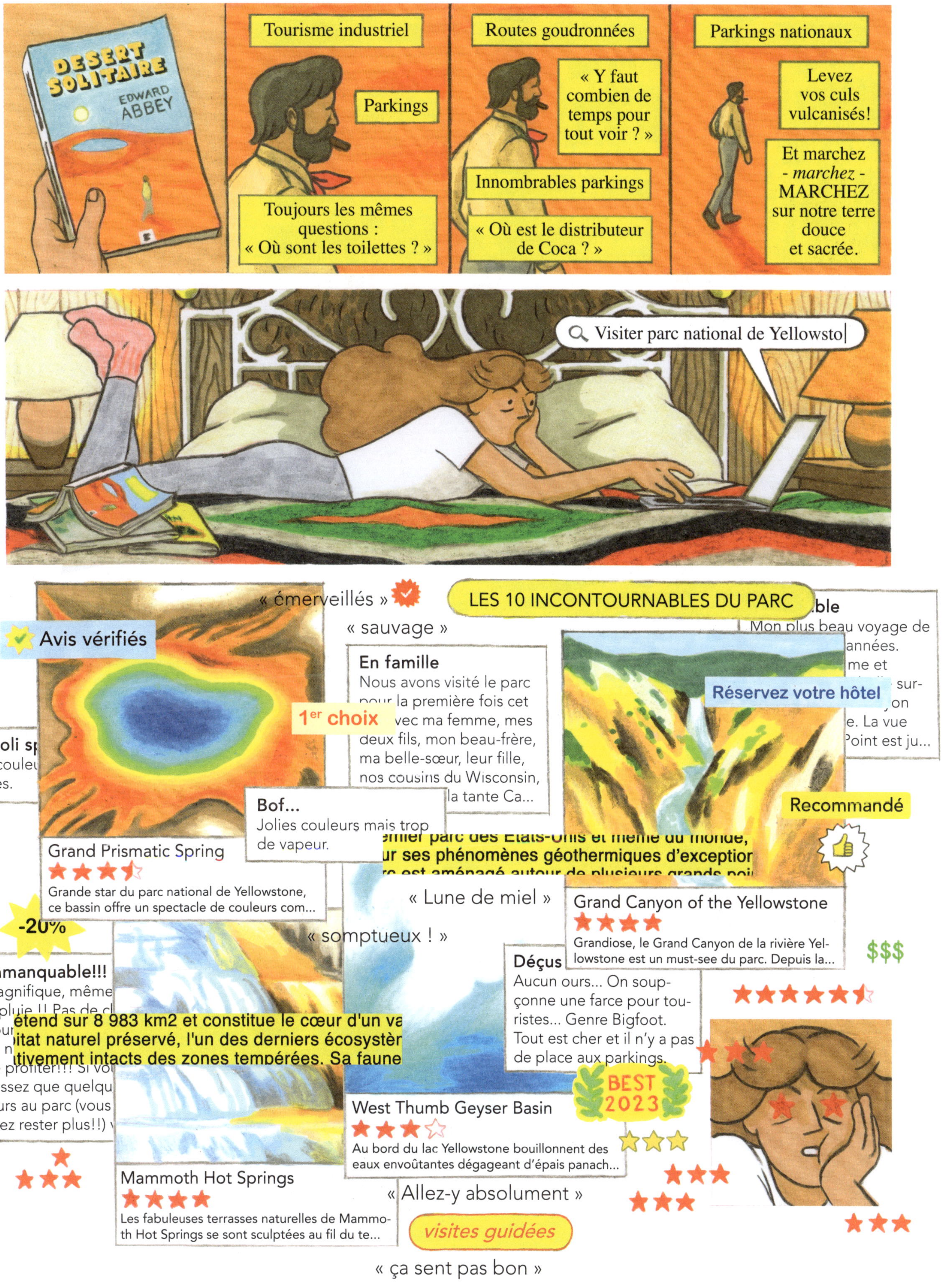

DESERT SOLITAIRE
EDWARD ABBEY
Tourisme industriel
Parkings
Toujours les mêmes questions : « Où sont les toilettes ? »
Routes goudronnées
« Y faut combien de temps pour tout voir ? »
Innombrables parkings
« Où est le distributeur de Coca ? »
Parkings nationaux
Levez vos culs vulcanisés !
Et marchez - *marchez* - MARCHEZ sur notre terre douce et sacrée.
Visiter parc national de Yellowsto
« émerveillés »
LES 10 INCONTOURNABLES DU PARC
Avis vérifiés
« sauvage »
En famille
Nous avons visité le parc pour la première fois cet vec ma femme, mes deux fils, mon beau-frère, ma belle-sœur, leur fille, nos cousins du Wisconsin, la tante Ca...
1er choix
Mon plus beau voyage de années. me et sur- on e. La vue Point est ju...
Réservez votre hôtel
Un joli sp
Les couleu belles.
Bof...
Jolies couleurs mais trop de vapeur.
Recommandé
Grand Prismatic Spring
Grande star du parc national de Yellowstone, ce bassin offre un spectacle de couleurs com...
ur ses phénomènes géothermiques d'exception
« Lune de miel »
Grand Canyon of the Yellowstone
Grandiose, le Grand Canyon de la rivière Yellowstone est un must-see du parc. Depuis la...
-20%
« somptueux ! »
$$$
Immanquable!!!
Magnifique, même la pluie !! Pas de c pour ne n de profiter!!! Si vo passez que quelqu jours au parc (vous vriez rester plus!!)
étend sur 8 983 km2 et constitue le cœur d'un va
itat naturel préservé, l'un des derniers écosystè
tivement intacts des zones tempérées. Sa faune
Déçus
Aucun ours... On soupçonne une farce pour touristes... Genre Bigfoot. Tout est cher et il n'y a pas de place aux parkings.
BEST 2023
West Thumb Geyser Basin
Au bord du lac Yellowstone bouillonnent des eaux envoûtantes dégageant d'épais panach...
Mammoth Hot Springs
Les fabuleuses terrasses naturelles de Mammoth Hot Springs se sont sculptées au fil du te...
« Allez-y absolument »
visites guidées
« ça sent pas bon »

Pfiou, pas de serpillière aujourd'hui...
CLIC
TEUTEUTEU
TEUTEUTVRRR
TCHAK
TEUTEUTEU
Mgnn!
VRRRRR
USA
Hey Cherry! Je vais au parc pour la journée.
Au parc?
Mais, tu as tout ce qu'il te faut?
Oui, oui.
Dans le coffre.
Enjoy!

BIGFOOT CAFE
ICE CREAM
Il y a du monde dis donc.
GAS
YELLOWSTONE AVE
YELLOWSTONE NAT'L PARK
Wow wow wow...
YELLOWSTONE

30 minutes plus tard.
Welcome!
Enfin!
Allez, ça a l'air joli par ici.
CRAC

WARNING
BEAR
FREQUENTING AREA
Removal of this sign may result in INJURY to others
and is punishable by law
THERE IS NO GUARANTEE OF YOUR SAFETY
WHILE HIKING OR CAMPING IN BEAR COUNTRY
Mh.
C'est vrai...

SOYEZ PRÊT À RENCONTRER UN OURS.
Euh...
1 Restez alerte.
2 Faites du bruit.
3 Marchez en groupe.
4 Portez un bear spray.
Un bear spray ?
Si l'ours entre en contact avec vous...
WTF
Faites le mort.
Mais c'est horrible.
Quoi, donc pas de potes, pas de rando?
Double peine.
Gnagnagnagna.
Indépendance.
Liberté.
J'espère qu'ils vont pas griller que je les suis.

CRRRRRRRRRRRRR
FFFFFFFFFFFFFFFFFFFFFFFFF
CHHHHHH
CRRRRRR

Merde, ils sont où?!

Oh, hi!
Hi...

2 miles plus tard.
CLAC
CLIC
Old Faithful
Voilà qui m'a l'air moins risqué.
OLD FAITHFUL GEYSER
SNACKS & SOUVENIRS
HOTELS
SERVICES
RESTAURANTS
GAS
WC

191
191
287
P
P
P
Les «parkings nationaux» ...

Ça fume!
Grayson revient ici!
Pfuit
L'app dit que la prochaine éruption est à 14h12.
Papa, regarde!

OK on vous attend là.
Et là le gars me rappelle...
J'ai oublié les gâteaux.
Vers le lac.
T'as du réseau toi?

RESTEZ SUR LES PASSERELLES.
SOL DANGEREUX
INSTABLE
ACIDE
CHAUD

: la vie sous chaleur extrême, a
s bactéries s
Bar Spring
Doublet Pool
es thermophiles qu
Heart Spring
FRAGILE
Pump Geyser
Geyser Hill
Dome Geyser
Infant Geyser
NE JETEZ PAS D'OBJET DANS LES BASSINS
s cyanobacteria s
Beehive Geyser
m, chloroflexus aurantia
Excusez-moi...
Anemone Geyser
Vous pouvez nous prendre en photo, s'il vous plaît?
Oui, bien sûr.
Attendez!
CLIC
En portrait ou en paysage?
Oh, on va faire les deux.
CLIC

CLIC
CLIC
CLIC
CLIC
CLIC
Voilà, ça devrait
Euhm, On voit bien le geyser?
CLIC
Mmh, décalez-vous un peu, peut-être.
CLIC
?
CLIC
Ah, vous avez bougé.
Oui mais… Chéri, remets ta main sur ma taille.
C'était mieux.
Comme ça.
Oh…
Et décale-toi encore un peu.
CLIC
CLIC
Oups
Mais ça change rien.
Oh, le geyser crache moins.
On embête la dame, Millie!
Euh nan nan, pas de problème.
Juste une dernière, s'il vous plaît.
Merci, c'est vraiment adorable.
Mais arrête de parler!
Euh, c'est bon?
Non mais ça va pas!
Pardon, hein.
Et merci.
CLIC
CLIC
CLIC
CLIC
Parfait.

Merciiiiiiii!
De rien.
Sorry.
POF
Vite!
Pardon!
LLOWSTONE
POF
Attendez-nous les enfants!
e fumée non?
Dépêche!
Sorry.
Après c'est plus ou moins 10 minutes.
's y sont déjà.
Du calme mon poussin.
prendre la vidéo.
Tu crois
aura de la
BWAAAAH
Ça a commencé!
Ça fume!
Sorry!
On peut la voir de là hein.
Ça sent vraiment le pet ici.
Oh non j'ai plus de batterie.
C'est Bridget qui a pété! hihihi
Oups, pardon.
C'est le soufre idiot.
C'est blindé là-bas.
Bwaaaaaah

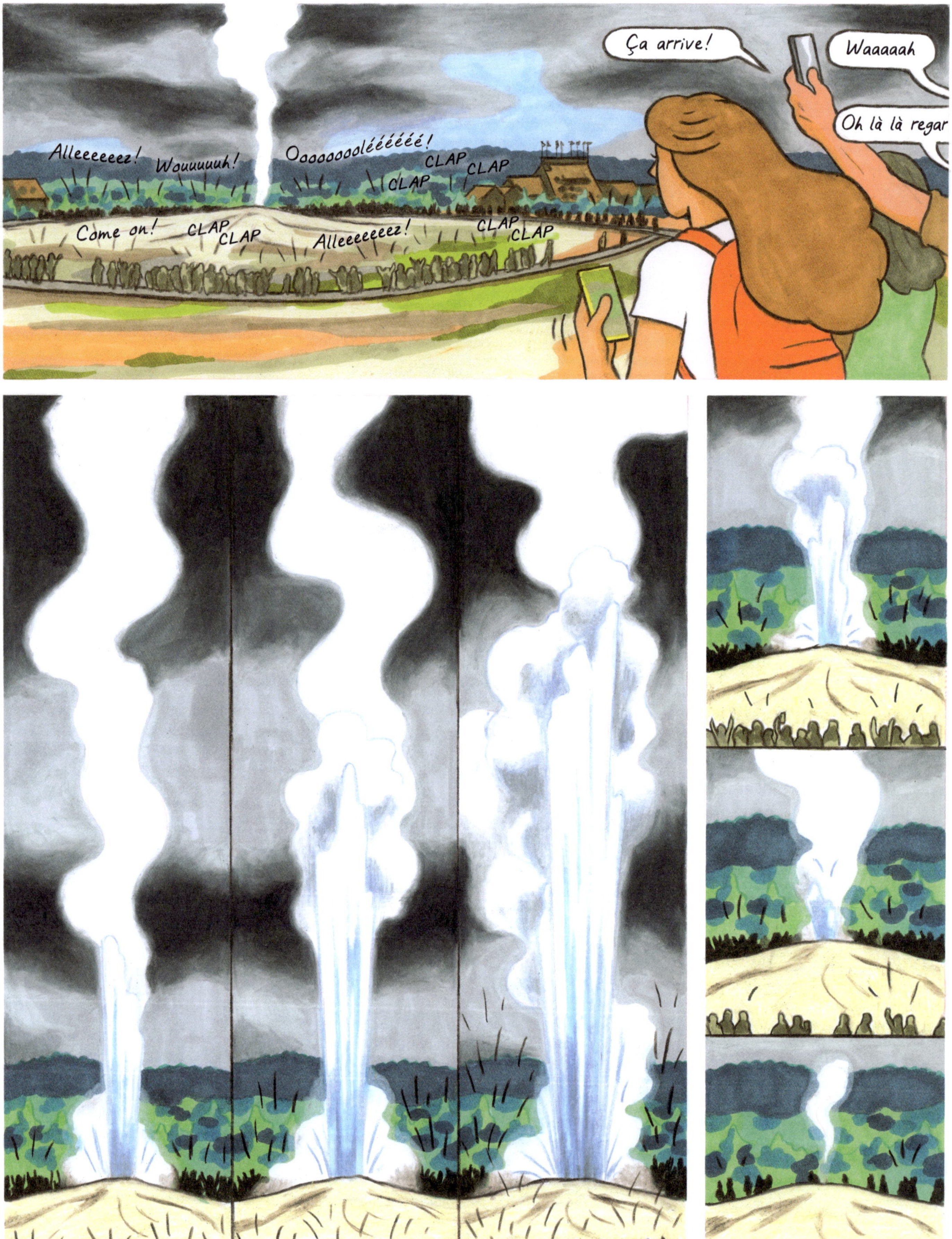
Ça arrive!
Waaaaah
Oh là là regar
Alleeeeeez!
Wouuuuuh!
Oooooooléééééé!
CLAP
CLAP
CLAP
Come on!
CLAP
CLAP
Alleeeeeeez!
CLAP
CLAP

haut hein!
C'était dingue!
pas si incr
On va manger?
Amazing!
Mamie, on
J'ai a-do-
Mets la vidé
BELGIAN POOL

Drôle de journée...
Leaving
YELLOWSTONE
NATIONAL
PARK

Le lendemain.
Morning!
Paraît que tu étais au parc hier?! Alors?
T'y retournes aujourd'hui?
Eh ben euh, à vrai dire... C'était bien hein, mais...
C'était un peu flippant.
J'avais pas compris qu'il y avait plein d'ours comme ça.
En liberté.
HA HA HA HA HA!!!
Des ours en liberté!
PAF
Vous me faites bien rire vous autres!
"En liberté"...
HA HA HA!
Où voudrais-tu qu'ils soient? Hihihi...
Oh, il faut pas que ça t'inquiète plus que ça.
Ils en font des caisses au parc à cause de tous les touristes.
Mais ce ne sont pas des monstres sanguinaires.
Tiens, ça me fait penser à...

J'avais un ami qui était parti cueillir des huckleberries dans les bois derrière une fois...
(On fait la meilleure confiture des US ici.)
FRRCHFF
FRCHH
FRCHH
Argnmpfl
Mgngnn
Holy shit!
Slurpmmgnn
BEAR
DETERR
Argnmmmnn
Slurpmmpfl
RFCHHFR
Mgnn
Crounch
FRFRCH

Les ours noirs sont pas bien méchants.
Non mais ça va pas bien?!
Qu'est-ce que tu lui racontes toi!
Rho
TOUS les ours sont dangereux.
Imprévisibles et sauvages.
Tu as déjà été en bear country, non?
Mh, pas vraiment.
Ah bon?! Mais Oh là là là ! Je pensais que...
Raaaah Si j'avais su...
Quand je t'ai vue passer hier ...
Oui bon, elle est vivante!
Plus pour longtemps avec tes histoires!
Rassure-moi, tu avais un bear spray au moins?
Non.
Oww Lord...
Je reviens.
Elle a raison. Il faut prendre ses précautions.
Tiens, donne-moi ta serviette!
On va te faire une formation accélérée.
Pour éviter que tu te fasses manger.
Sinon qui va faire la vaisselle? HAHAHA

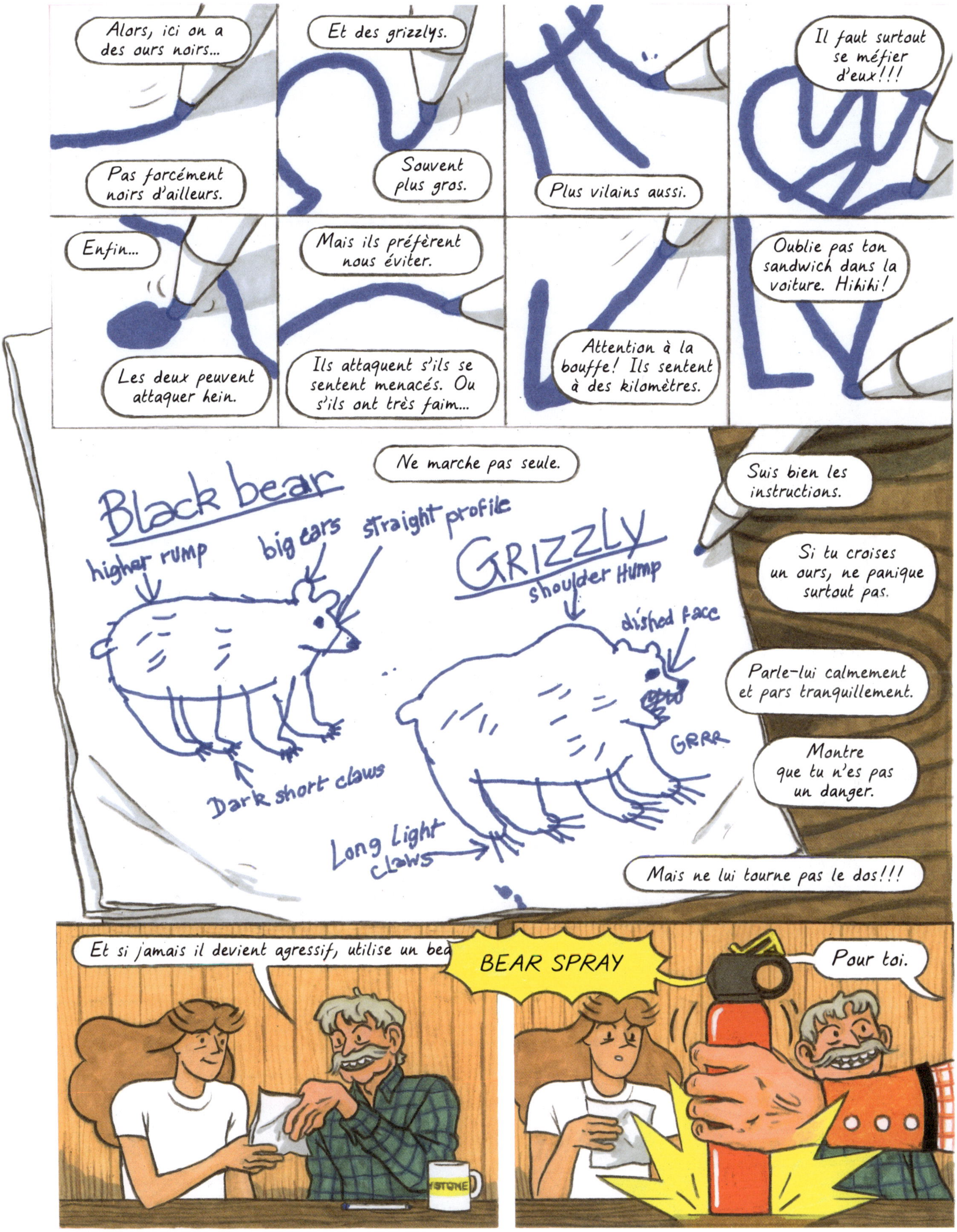

Alors, ici on a des ours noirs...
Pas forcément noirs d'ailleurs.
Et des grizzlys.
Souvent plus gros.
Plus vilains aussi.
Il faut surtout se méfier d'eux!!!
Enfin...
Les deux peuvent attaquer hein.
Mais ils préfèrent nous éviter.
Ils attaquent s'ils se sentent menacés. Ou s'ils ont très faim...
Attention à la bouffe! Ils sentent à des kilomètres.
Oublie pas ton sandwich dans la voiture. Hihihi!
Ne marche pas seule.
Black bear
higher rump
big ears
straight profile
Dark short claws
GRIZZLY
shoulder Hump
dished face
GRRR
Long Light claws
Suis bien les instructions.
Si tu croises un ours, ne panique surtout pas.
Parle-lui calmement et pars tranquillement.
Montre que tu n'es pas un danger.
Mais ne lui tourne pas le dos!!!
Et si jamais il devient agressif, utilise un bea
BEAR SPRAY
Pour toi.

*Course d'équitation western autour de barils.

mi-juillet

TCHAK
BZZZZZZZZZZ
TCHAK
TCHAK
Aloooors...
YELLOWSTONE
NATIONAL PARK
Yellowstone
Lake
Et c'est reparti!

Oooooooooh...
Oh là là là...
Oh, le Lake Hotel!
Classe.
Grandma, Cherry
No service
Roooh...
Oh oh.
Jeez!
Oh my god!
Vous avez l'appareil?
?
Il y a un grizzly à Mud Volcano!
OK
Merci!
GODGUN
TÛÛÛÛÛÛT
Tu le vois?
Jason
Là-bas!

Je vois pas!
Si, si, près de l'arbre!
Mais...
Il y a un ourson!
Haaaaaan!
Génial!
Prends la photo,
Ah ouiii, ça y est! je les vois!
Ces gens sont beaucoup trop près non?
Mais qu'est-ce qu'ils font eux?!
Jésus...
Oh là là c'est dangereux!
Elle ne s'enfuit pas hein...
Ooooh l'oursooon!
Vous voulez regarder dans mes jumelles?
Merci, c'est super sympa!
Avec plaisir.
Papa ils sont là!
Haaaan
Oh, vous voyez sa petite tête?
Ooooh!
Il est fou lui!
Il sort, regarde!
Jolies bottes.
Mais que font les rangers?
Merci.
CRRRRRRRIIIIIIIIIIIIIIIIIIII

*Embouteillage dû à un ours.

*Effet Blanche-Neige.

Quelques minutes plus tard.
CLIC TEUTEUTEU TEUTEU
Ah non, pas encore!
CLIC TEUTEUTRR VBRRRR
Aaaah!
1 3 5 2 4 R
KRRRRRR
Quoi?! Les vitesses maintenant?
1 3 5 2 4 R
Allez!
1 3 5 2 4 R
KRRRR
KRRRRR
Shit.
Gnnnnn
KRRR KRR
BAM
WTF
Mais non!!!
Oh my god.
la honte la honte la honte la

Ça va?
Je suis tellement désolée.
HAHA C'est pas grave!
Faut qu'on fasse des photos pour l'assurance.
Jolies bottes!
Merci.
T'as un numéro?
(Pour l'assurance.)
Ah oui, oui. Bien sûr.
Ángel.
Marcia.
Latina?
Euh non, non... Je parle pas espagnol.
Oh! Les chiottes vont pas se laver toutes seules!
Ça va aller?
Oui, oui.

Caisse infernale.
Ángel ...
Ça arrive que dans les films ça...
HAYDEN VALLEY
Qu'est-ce qu'il se passe encore?

Jésus-Christ!
Un randonneur tué par un grizzly, au nord du parc.
Heaven Ne
Un employé du parc en plus.
Ils devraient savoir rho...
Sa pauvre maman!
Jeez!
Ces jeunes inconscients!
Hi hon'
Ça avance bien l'arbre dehors!
Un randonneur tué par un grizzly.
Ah zut.
Il y en a de plus en plus non?
Même le fils Palmer s'est encore fait charger près de son chalet.
Oh, ce serait pas une grande perte.
C'est malin.
Hihimpff
Y a trop d'humains ici de toute façon.
Oh hiiii!
Bienvenue chez nous!
Hi!
Vous avez fait bonne route?
FREE
News
PARK EMPLOYEE KILLED BY A GRIZZLY BEAR
JACKSON BROWN WAS 28

Chalet 5
Oooh, trop cute.
Qu'est-ce qui est arrivé à ta voiture, love ?
Un muret...
Trop bas.
Il y a un garage pas loin?
Tu plaisantes, Hank va t'arranger ça!
Oh, Hank a sûrement mieux à faire...
Tsssss Tsss
Plus tard.
Eau chaude.
PLOP
SIOUP
Tu as peur des ours, Hank?
Non.
Dieu me protège.
PLOP
Ah.
SIOUP
La chance.
Il y a un grizz' près de mon chalet.
On l'a appelé Jojo.
PLOP
C'est bon.

Hello
Tap
Tap
Hello Ángel
Hel
Hi Ángel
Tap
Tap
Tap
C'est Marcia, de l'accident de voi
C'est Marcia
Tap
Tap
Tap
Je travaille dans un hôtel près du parc
Je ne connais pas grand monde ici...
Tap
Tap
Tap
Tap
Tap
Ça te dirait de faire connaissance?
Envoyé
Qu'ai-je fait?!
"Ça te dirait de faire connaissance?" Qui dit ça?!
Il va jamais ré...
DING
Oh!
Tu veux aller marcher?
Dimanche?
Grave!
Yellowstone National Park - Grand Canyon of the Yellowstone - Artist point trail: 2...
https://www.map/natio...
C'est pas trop dangereux ? Avec les ours...
Il est sérieux lui?
Il y a un mec qui est mort...hier. Just sayin'
Je sais...
Pfff inconscient.
Si on est deux ça devrait aller. Tu me protégeras haha
Bon...
OK, allons-y !
Tu as des vraies chaussures par contre?

Le jour venu.
HéHo!
Oh là là! C'est quoi ce plan?
Allez on va à Lamar?
HAHA
Je vais me fâcher!
Le groupe, par ici!
Bon, à l'ancienne.
Pick-up rouge et blanc il a dit...
Par là.
Merci hein...
J'veux dire, c'est cool d'avoir proposé...
Comme on se connaît pas du tout...
Enfin, c'est cool.
Il y a du monde non?
T'inquiète!
Que c'est beau!
Oooooh!
Bouge pas chéri.
TRAIL

Et moi je vais sur un chemin toute seule avec un total inconnu.
Si ça se trouve c'est un psychopathe.
Je suis aussi grande que lui, j'ai peut-être une chance.
Heaven News
Elle craignait les ours, mais le vrai danger c'était l'homme.
Il a l'air costaud quand même.
J'ai mon bear spray ...
Mais lui aussi.
...J'ai même pas dit à Cherry et Jack où j'allais.
Peut-être que Hank pourra retrouver ma trace...
Et il me vengera avec sa tronçonneus
Alors Marcia, tu fais quoi toute seule par ici?
Le même job que toi je crois bien.
"Toilet ranger"? Haha
Oui. Haha
Mais sinon je suis développeuse.
Oh! Une hackeuse!
Mmh non pas vraiment!
Et toi, tu...
Non, moi c'est juste les toilettes.
Mais c'est-à-dire? Tu...
Je suis saisonnier quoi. Je fais deux parcs par an.
Oh ok! Je savais pas qu'on pouvait faire ça... Enfin, je veux dire, tout le temps.
Hihi
Haha
Hoho
Mais, tu marches avec qui d'habitude?
Personne le plus souvent.
Tout seul ?
J'aime pas trop les gens.
Au fait, désolée encore pour la voiture.
Hahaha! On s'en fout, c'est celle du taff.
Par contre reste loin de mon pick-up, steuplé.
Pfff

Je le savais.
C'est un psychopathe.
Bon, je déteste pas tout le monde non plus.
J'ai des potes hein.
Enfin...
Pas trop ici.

En tout cas on n'aura pas croisé grand monde sur ce chemin, c'est agréable !
Regarde, on arrive.
C'est mon spot préféré.

Et du coup, ça t'inquiète pas plus que ça les ours?
Avec le mec mort en plus.
Bah si mais bon, je vais pas rester enfermé.
Et puis t'en as vu beaucoup toi, des ours?
Euh...non.
Enfin si, le grizzly avec son petit le jour où j'ai embouti votre pare-chocs.
Tu vois, c'était toi le vrai danger ce jour-là!
Tssss
Essaie de conduire une poubelle manuelle de 98 et on en reparle!
Hahaha
No thanks! Je tiens trop à la vie pour ça.
Pourquoi t'es plus développeuse?
Je le suis toujours! J'avais juste besoin de... prendre l'air.
Je suis de Boston, mais j'habite SF depuis un an. J'aime pas trop. Il paraît que c'était différent avant le Covid.
Il m'aura quand même fallu 35 ans pour sortir de chez moi.
T'as 35 ans?!
Oui, quoi, t'es choqué? Haha
Nan, mais je sais pas, j'aurais dit 28, max!
T'as quel âge toi?
31.
Et t'es d'où?
Puerto Rico, señora!
Mais je suis sur le continent depuis presque dix ans. Pour les parcs.

Comment ça tu n'étais "pas sortie de chez toi avant"?
Je n'avais jamais vraiment quitté ma banlieue.
À part pour visiter ma grand-mère à Bozeman parfois.
Je ne connais pas trop tous ces trucs "outdoor".
Et Porto Rico alors, c'est comment?
Aaaah... C'est beau.
Magique même!
La Isla del Encanto.
Je sais que j'y retournerai un jour.
Quand j'en aurai marre des parcs.
T'as dû voir plein d'endroits! T'as travaillé où?
Everglades,
Arches,
Yosemite,
Sequoia...

TTING
EAR
& CABINS
DING
DING
DING
DING

début août

TAK
TAK
TAK
TAK
TAK
BZZZZZZZZ
Enfin débarrassés!
Hey!
Je pars pour la journée.
À ce soir Marcia!
Elle va au parc tous les week-ends.
Je te parie qu'il y a un garçon là-dessous.
Morning!
C'est qui eux?
Hi!
Des nouveaux, arrivés hier soir.
Alors?
Mmmh... New Y...
Mh?
Non!
100% californiens.
Los Angeles même.
Argh, bien joué.
Easy. Hihihi
PAF
Allez, tu vas te refaire!
5 $ qu'elle a un petit copain.

Pfiouu...
C'est beau hein?
Oui...
Très beau.
Et c'est fou toute cette vapeur!
Mh.
FRCHHHHHHHHH
KRCHHHHFFFCHH
Tu as entendu?
Non, Quoi?!
Tu vois quelque chose??
Non.
On bouge?
Oui.

CLAP
CLAP
CLAP
CLAP
Qu'est-ce que tu fous?!
S'il y a des ours, il faut les prévenir qu'on est là, Marcia!
Ah.
YO LES OURS, ON NE FAIT QUE PASSER!
Wow, ils t'ont entendue jusqu'au canyon je pense.
Tant mieux!
CLAP
CLAP
CLAP
CLAP

Et arrête de faire genre, tu faisais pas le malin non plus il y a cinq minutes.
Quoi?! N'importe quoi.
Ça va, c'est OK d'avoir peur.
Oui mais là non.
HAHAHA Je rêve!
Faut te déconstruire.
Déconstruire quoi ?
CLAP
CLAP
CLAP
CLAP

POF
Hello Marcia! Je te sers une assiette ?
Euh non merci, j'ai déjà dîné.
Ah oui?
Tu nous racontes ta journée ?
Oh là là...
soupir
Longue histoire !
... rencontrés au parc...
... courant passe bien...
+5$
... m'écrit tout le temps...
... Alors je me dis qu'il y a moyen mais...
... Du coup c'est que j'ai dû me faire un film toute seule...
... Sauf qu'après il m'invite à dîner!
Ça ressemble à un date nan???
Carrément.
Pardon, je ne me suis pas présentée.
Cassandra.
Et puis une fois dehors...
C'était cool!
À plus!
Quoi?!
Mais non ...
Oh le con!
J'en reviens toujours pas.
HAHA HAHA
Mais qui fait ça?!
Oh, si vous saviez les plans que Jack m'a faits avant qu'on se marie...
Il vaut peut-être mieux le garder comme pote celui-là
HAHAHA

Marcia, c'est codé cette page d'authentification?
C'est en route, boss!
DING
DING
2:08
PM
Ah là là...
Messages
On va marcher ce week-end ?
Yes!

Il y a plus de vapeur que sur Google.
Ça sent le pet nan?
L'œuf pourri plutôt.
C'est Disneyland ici!
C'est les touristes ou les ours!
Tiens, tu connais cette page Insta?
C'est les pires touristes du parc.
Oh là là non...
Éloignez-vous de ce cerf!!!
Je vais quitter mon job de dév' et devenir garde forestière!
MDR.
Ou cow-girl.
Hâte de voir ça!
Du coup, comme t'es une femme des bois maintenant, ça te dit d'aller camper?
Avec les grizzlys? Bof, non.

Je crois que je vais prendre un poste longue durée ici...
J'aime bien ce parc.
On dirait que la terre respire.
Toi t'es là jusqu'à quand déjà?
Fin août.
Ça passe vite!
Tu ne t'es vraiment lié avec personne ici?
J'ai quelques collègues sympas.
Mais... C'est difficile de trouver quelqu'un qui marche à la même vitesse.
Et sinon, tu veux toujours pas aller camper?
Non.
En plus je ne sais pas camper.

mi-août

J'arrive pas à croire que j'ai accepté.
Il y a plein de gens sur ce camp. Ça craint rien.
On a juste à mettre tout ce qui sent dans la boîte à ours.
La boîte à ours...
J'en peux plus de ce bled...
Qui voulait être garde forestière déjà?
CLIC
INSTANT FOOD
SUN 50+

M... Marcia...
Mmh?
Ne...
Bouge... Surtout... Pas...
Il y a deux ours...
QUOI?!?!
Où ça???
MMPFFF Là-haut!
Mais?!
T'es vraiment qu'un GROS CON !!!
Pardonmpff...
Hihihihihi

PSCHHHHH
Bonne nuit!
J'ai mis une banane dans ton hamac, au cas où tu aurais faim cette nuit.
QUOI?!
Ça va pas?!
Pffff...
Le lendemain.
ziiiiiiiiiiiip
Vivante!
Bien dormi?
Parfaitement.
Café?
Mince, j'ai pas pris mon tee-shirt propre.
Tiens, prends celui-là.
J'en ai un autre dans la voiture.
Merci!
BORINQUEN
J'adore!

Parfait.
On va voir de l'autre côté de la rivière?
BORINQUEN
Argh!
T'arrête pas en plein milieu!

Je vais tomb
CHUT!
Un grizzly.
Il ne nous a pas vus...
Ah si.
T'as ton bear spray?
Oui, mais dans le sac!
Il faut qu'on ait l'air plus gros.
Bouge pas...
J'arrive.
Parle-lui.
Euh... Bonjour.
L'ours.
Pas de geste brusque...
Te dérange pas pour nous hein ...
J'y suis.
On n'allait pas rester de toute façon...
On savait pas que c'était chez toi.
En tout cas t'es un beau grizzly.
Beau poil et tout.

Il est allé prendre de l'essence.
arrive!
HAHAH
Super photo!
... On repasse au visitor center.
No way
C'est pa
?
??

Hey Marcia!
Viens!
... on part demain matin.
Hey!
On est trop tristes!
Alors, il paraît que tu as défié un grizzly?
Avec ton p'tit ranger, hihi!
Oui mais bon, tu avais raison hein...
Et vous étiez loin?
50 mètres?
C'est dingue!
BEER
Génial!
HAHA
HAHAHA

!!
Mais?!
Chéri, où sont les space cookies?
Je sais pas.
C'est toi qui les as rangés.
Quels cookies tu as donnés à Marcia ???
Ben ceux qui étaient dehors, comme tu m'as dit.
"Dehors" ça voulait dire hors de la boîte!
Oups.
J'en connais une qui va faire de beaux rêves
Et moi aussi.
Zut.
... Vous savez, ça ne m'amuse pas de faire peur aux gens...
Mmmh.
Je sais que tout ça a à voir avec ma mère...
Je vous ai déjà parlé d'elle, non?
C'était une belle grizzly.
Maintenant c'est un tapis.
DING
DING
DING
T'as TikTok ?
Snap?
DING
DING
DING
DING
DING
DING
DING
DING

Je crains que vous n'idéalisiez la vie dans la forêt, docteure...
Mais que connaissez-vous à la survie?
Ces bois n'ont rien de paradisiaque.
C'est pourtant le seul paradis que nous ayons.

Han!
Ça lui a fait de l'effet son grizzly, hein?
On dirait qu'elle a vu la lumière.
Marcia, darling!
Tes amis ont laissé un mot.
Marcia
Ils étaient désolés de ne pas te croiser.
Oh mais tu pars bientôt toi aussi dis donc!
so sorry
Tu vas nous manquer tu sais...

fin août

... c'est génial!
Est-ce que t'es aussi allée chanter avec les oiseaux après ?
Hahaha... La "connexion"...
Rho, c'est bon.
Very deep Snow White effect en tout cas!
T'es jaloux, avoue.
Mmh, un peu!
Moi aussi... j'y ai pas mal repensé.
Ah ouais?
J'arrive pas à croire que c'est notre dernière rando.
On en aura fait pas mal!
Oui...

Je...
Je suis triste que tu partes.
Ah mince, ton tee-shirt. Chope-le dans le coffre.
Garde-le.
Il doit sentir le grizzly maintenant anyway.

BZZZZZZZZZZZZZ
BZZZZZZ
2
2
LLOWSTONE
ND PRISMATIC
E TO WONDERLAND.

Tiens Cherry!
Merci.
J'ai adoré les porter.
Elles sont à toi, honey.
Oh!
Non, non, je ne peux...
Tsss tsss
Elles seront mieux à tes pieds que dans le grenier.
Ah! Marcia!
Tiens, j'ai failli oublier ça!
Ooooh, mais...
C'est de la confiture de huckleberry d'Heaven Woods.
La meilleure des États-Unis.
Heaven Woods · IDAHO
Huckleberry
JAM
#1 in America
Et sans doute du monde!

CLAC
BORINQUEN
5$ qu'elle revient l'été prochain.

SITTING BEAR
LODGE & CABINS
VACANCY
See you soon!
Leaving
HEAVEN WOODS

Hello Grandma!
J'ai pris la route là.
J'en ai pour 3 heures je pense.
Ah bon?
Mh.
Mais, je t'avais dit, non?
Oh...
OK.
Les clés sont toujours sous le gnome?

DING
BORINQUE
A
DING
DING
A
Sunset sur le lac
Trop hâte de nos prochaines randos!
YELLOWSTONE NAT'L PARK

VIVRE EN PAYS GRIZZLY

Paru au printemps 2024 dans la revue *TOPO* n°47 sous le titre *Touchez pas aux grizzlys*, ce reportage revient dans la région de Yellowstone, auprès de ses ours et de ses humains, pour observer cette cohabitation sous un angle journalistique.

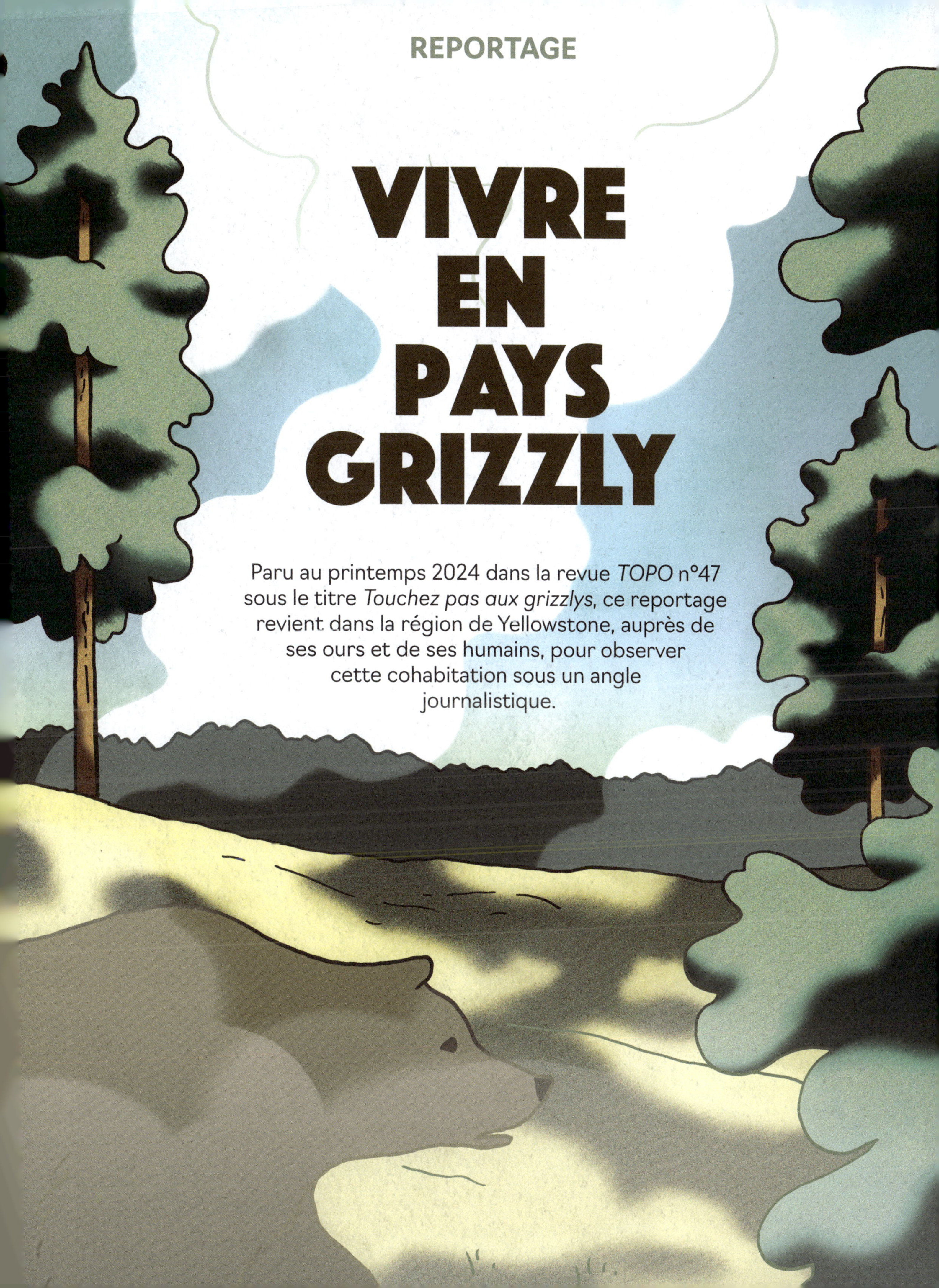

WER BUTTERMILK TRAIL
WARNING
BEARS ARE CURRENTLY ACTIVE IN THIS AREA
AREA CLOSED
ATTENTION des ours sont actuellement actifs dans cette zone
Zone fermée
POLICE LINE DO NOT CROSS
En juillet 2023, le corps d'une randonneuse est retrouvé sans vie sur un chemin à l'ouest du parc national de Yellowstone, aux USA.
Elle s'appelait Amy Adamson,
et a été victime d'une attaque de grizzly.
POLICE
Il s'agissait d'une ourse suivie d'au moins un ourson.
ROSS POLICE LINE DO NOT CROSS POLICE LINE DO
Une situation tragique qui semble venue d'un autre âge,
NEWS
RANDONNEUSE TUÉE PAR UN GRIZZLY :
ENQUÊTE EN COURS À L'OUEST DE WEST YELLOWSTONE
pour la majorité de la population mondiale, qui réside en ville (56% soit 4,4 milliards d'habitants).
CHA

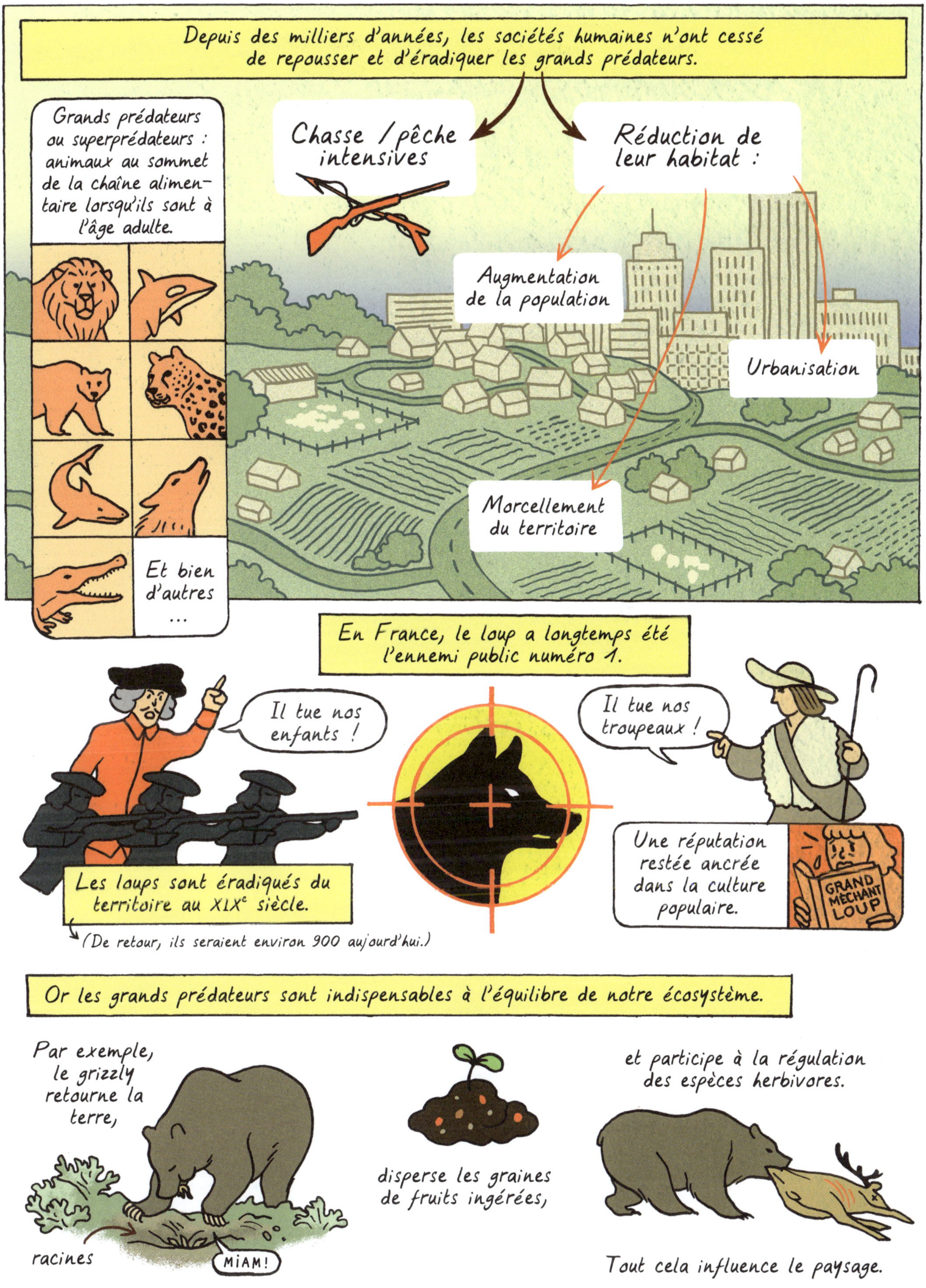
Depuis des milliers d'années, les sociétés humaines n'ont cessé de repousser et d'éradiquer les grands prédateurs.
Grands prédateurs ou superprédateurs : animaux au sommet de la chaîne alimentaire lorsqu'ils sont à l'âge adulte.
Et bien d'autres ...
Chasse / pêche intensives
Réduction de leur habitat :
Augmentation de la population
Urbanisation
Morcellement du territoire
En France, le loup a longtemps été l'ennemi public numéro 1.
Il tue nos enfants !
Il tue nos troupeaux !
Les loups sont éradiqués du territoire au XIXe siècle.
(De retour, ils seraient environ 900 aujourd'hui.)
Une réputation restée ancrée dans la culture populaire.
GRAND MÉCHANT LOUP
Or les grands prédateurs sont indispensables à l'équilibre de notre écosystème.
Par exemple, le grizzly retourne la terre,
racines
MIAM !
disperse les graines de fruits ingérées,
et participe à la régulation des espèces herbivores.
Tout cela influence le paysage.

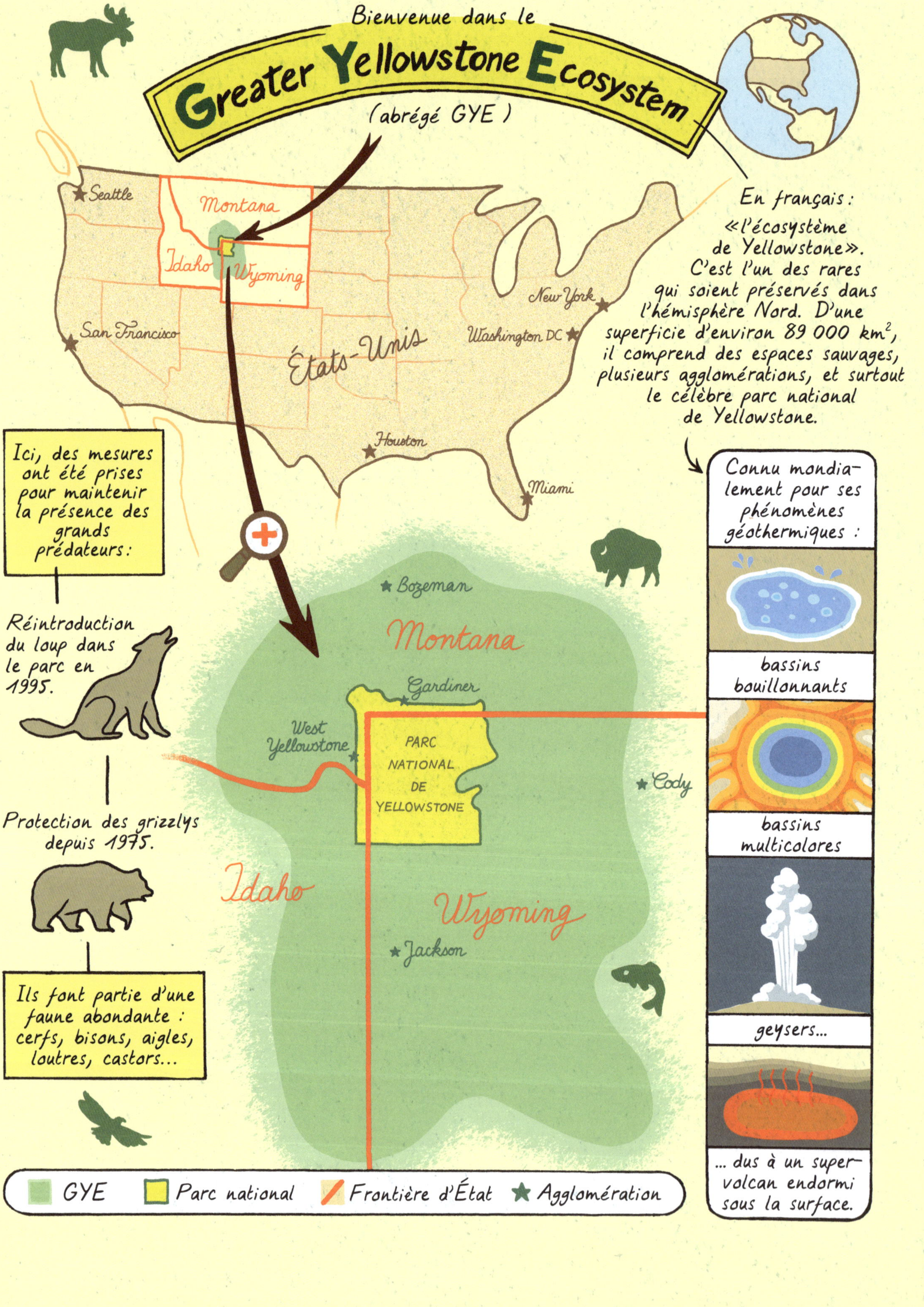
Bienvenue dans le
Greater Yellowstone Ecosystem
(abrégé GYE)
En français : « l'écosystème de Yellowstone ». C'est l'un des rares qui soient préservés dans l'hémisphère Nord. D'une superficie d'environ 89 000 km², il comprend des espaces sauvages, plusieurs agglomérations, et surtout le célèbre parc national de Yellowstone.
Seattle
Montana
Idaho
Wyoming
San Francisco
États-Unis
New York
Washington DC
Houston
Miami
Ici, des mesures ont été prises pour maintenir la présence des grands prédateurs :
Réintroduction du loup dans le parc en 1995.
Protection des grizzlys depuis 1975.
Ils font partie d'une faune abondante : cerfs, bisons, aigles, loutres, castors...
Bozeman
Montana
Gardiner
West Yellowstone
PARC NATIONAL DE YELLOWSTONE
Cody
Idaho
Wyoming
Jackson
Connu mondialement pour ses phénomènes géothermiques :
bassins bouillonnants
bassins multicolores
geysers...
... dus à un supervolcan endormi sous la surface.
GYE
Parc national
Frontière d'État
Agglomération

Si les loups de Yellowstone se font plutôt discrets, les ours font beaucoup parler d'eux. La région est d'ailleurs qualifiée de «bear country».
ours
pays
Une expression qui désigne leurs zones d'habitat aux USA.
Au GYE, on parle même de «grizzly country», car c'est l'un des rares territoires à abriter des grizzlys en plus des ours noirs.
BLACK BEAR = OURS NOIR
arrière-train plus élevé
grandes oreilles pointues
profil droit
griffes sombres et courtes
Présent dans de nombreux États américains, l'ours noir n'est pas en danger d'extinction et sa chasse est même autorisée.
Avant
Arrière
Taille moyenne : ≈ 1m au garrot
Poids : de 40 à 300kg
Fourrure variant du noir au blond
(les ours noirs ne sont pas tous noirs !)
Plus agressif que son cousin ours noir, le grizzly a presque été exterminé du GYE dans les années 1970. Il n'est aujourd'hui présent que dans une poignée d'États américains, majoritairement en Alaska. Cet État est le seul qui autorise sa chasse.
GRIZZLY
petites oreilles arrondies
bosse entre les épaules
Fourrure variant du brun au blond
profil creusé
griffes claires et longues
Avant
Arrière
Taille moyenne ≈ 1,20m au garrot
Poids : 130 à 270kg
Les mesures de protection ont permis à la population de grizzlys de se rétablir dans cet écosystème.
Elle serait actuellement proche du maximum des capacités du territoire.
Le service du parc national en compte plus de 1000 aujourd'hui.

Mais dans le GYE, un autre grand prédateur voit son nombre d'individus augmenter.
HUMAIN
Population locale
Intense fréquentation touristique du parc national de Yellowstone
Cette région, où une importante population humaine partage l'espace avec une dense population d'ours, est un cas particulier. De par cette proximité, le risque d'interactions dangereuses est une problématique du quotidien.
WARNING
BEAR
THERE IS NO GARANTEE OF YOUR SAFETY IN BEAR COUNTRY
Attention / Ours / Il n'y a aucune garantie pour votre sécurité sur la terre des ours.
BE BEAR AWARE
FOOD STORAGE REQUIRED
Attention aux ours / La nourriture doit être stockée hors de leur portée.
Les panneaux de mise en garde sont omniprésents dans les zones boisées.
À l'entrée des chemins de randonnée, on trouve même ces recommandations :
NE MARCHEZ PAS SEUL
RESTEZ ALERTE
FAITES DU BRUIT
(Pour ne pas les surprendre)
ET...
spray au poivre longue portée
PORTEZ UN BEAR SPRAY

On nous indique également la conduite à tenir en cas de rencontre, voire d'attaque.
RESTER VIVANT EN Bear Country
Gardez votre calme.
NE COUREZ PAS !
Parlez-lui doucement et éloignez-vous sans lui tourner le dos.
Si l'ours vous charge...
Restez immobile.
Et dégainez votre bear spray !
pschiiiiiiiiit
Si l'ours parvient à vous atteindre ...
Faites le mort.
Heureusement, le risque d'être attaqué reste globalement faible. Mais il varie beaucoup selon le contexte et selon le respect ou non des recommandations.
Lors d'une journée dans le parc de Yellowstone :
1 risque sur 59,5 millions Dans les zones aménagées : routes, hôtels...
1 risque sur 232 613 Dans les zones sauvages : chemins, forêt...
8 attaques fatales dans le parc depuis sa création en 1872.
Il avait gardé son pique-nique dans la tente...

Les ours ont naturellement tendance à éviter le contact avec les humains.
Des rencontres surviennent malgré tout. (Et ne sont pas si rares !)
Je marchais avec une amie sur un chemin fréquenté près du lac Yellowstone...
Nick, un employé du parc
... Quand un ours est sorti des bois 100m devant nous.
Grizzly ou gros ours noir ??? Difficile à dire !
!
Heureusement, toutes ne donnent pas lieu à une attaque.
Il a juste traversé, sans nous regarder.
Un autre week-end, sur un camping du parc...
WC
CLAC
ours noir
Je l'ai fait fuir.
CLAP
CLAP
Peu recommandé avec un grizzly.
Si la plupart des attaques en pleine nature sont dues aux grizzlys et s'avèrent défensives...
Mère protégeant ses oursons
!
Ours surpris
Ours protégeant sa nourriture
GRRR...
...des attaques d'ours noirs et de pure prédation sont aussi survenues.
Chaque situation est unique et la faune sauvage imprévisible.

*Selon les statistiques, il y aurait eu en moyenne moins d'une attaque fatale par an sur l'ensemble de l'Amérique du Nord, tous ours confondus (grizzly, ours noir ou polaire) depuis 1784.

Habiter dans une zone à grizzlys n'est pas de toute tranquillité.
Jesse, la quarantaine, charpentier
J'ai déjà été chargé une bonne douzaine de fois.
CLAC
BAM
Et chaque résident a son degré de résilience et sa façon de cohabiter.
Ça grouille par ici.
Ils me terrifient.
Mais je n'ai encore jamais eu à utiliser mon arme.
Et je n'ai jamais signalé ces ours aux autorités.
Ils pourraient être capturés et déplacés, ou même euthanasiés.
Je n'ai pas envie de ça. Je trouve ça injuste.
Je ne me sens pas toujours en sécurité mais c'est comme ça.
Je suis né là, c'est chez moi.
Et ils sont chez eux aussi.
Alors on cohabite.
Jim, médecin retraité
J'ai toujours vécu en bear country.
Je n'y pense même plus.
Je suis pêcheur mais j'ai aussi été chasseur.
Bien sûr il y a des précautions à prendre.
Traînons pas trop...
Ça va attirer les grizz' !
Je ne connais personne qui chasse les ours noirs.
Leur viande n'est pas très bonne. Ça intéresse plutôt les chasseurs de trophées.

J'habite dans les bois la moitié de l'année.
J'adore cette vie !
Rosie, retraitée et bénévole au Service national des forêts
On n'a jamais vu d'ours près de nos caravanes.
Une seule fois il y a eu un signalement.
Pourtant je ne laisse pas sortir mes chats sans surveillance. Il y a d'autres dangers pour eux ici.
Je passe mes étés ici depuis toujours.
Ursula, infirmière retraitée
Je laisse le chat faire sa vie. J'espère qu'il ne lui arrivera rien...
C'est mon père qui a construit cette maison.
Moi je n'ai jamais vu d'ours dans ce coin. Juste des empreintes une fois.
Mais mon père, lui, en a déjà trouvé un sous le porche !
Je n'ai pas d'armes à feu. Je connais les dégâts que cela cause...
Mais je reste prudente, et je suis les consignes.
Par exemple, en bear country, laisser des choses comestibles à l'extérieur est passible d'une amende.
REX

HAHAHAHA!! HiHiHi!
Hoho! HA HA HA! HA HA HA! Hihi!
Haie
Fosse
Grille 1
Grille 2
visiteurs
Si on a 60 minutes de vidéo durant lesquelles la glacière résiste à l'ours, le fabricant pourra l'homologuer :
« Bear resistant »
Résistante aux ours.
STAFF
Le Grizzly and Wolf Discovery Center est un zoo situé à l'entrée ouest du parc. Il abrite des loups, des loutres, des rapaces, des écureuils, et bien sûr des grizzlys. Ces derniers sont mis à contribution pour tester des contenants avant commercialisation.
LE TEST
soigneur
Odeur alléchante
Top Chrono !
GNNNN
STOP ! 22 minutes.
Échec.
Retour au fabricant.
1
2
3
4
Des systèmes ingénieux ont dû être développés.
clic
TRASH
Exemple de poubelle à l'épreuve des ours, utilisée même en zone urbaine.
Et parfois...
Argh
Comment ça s'ouvre euuuh ?
Gnnn

Les ours apprennent vite, et s'ils associent les humains à une source de nourriture, ils se montrent d'autant plus téméraires.
C'est l'heure du goûter ...
Devenant un danger pour nous...
Mais aussi pour eux-mêmes, car ils s'exposent alors à de lourdes conséquences.
Il existe d'ailleurs un adage : « A fed bear is a dead bear. »
Un ours nourri est un ours mort
Chefs d'accusation : - vol de saucisses - agression d'un enfant.
Peine encourue : euthanasie.
Votre honneur, mon client n'est pas fautif ! Ces irresponsables laissent régulièrement à manger dehors sans surveillance !
Objection ! Je rappelle que ce grizzly avait déjà fait l'objet d'une relocalisation suite à son intrusion dans une cuisine en 2020.
Mon client a eu un parcours de vie difficile. Il a perdu sa mère alors qu'il n'était encore qu'un ourson.
Ne versons pas dans l'émotionnel.
Ce multirécidiviste a déjà eu sa chance. Et il en va de la sécurité de nos concitoyens.
L'accusé sera donc eutha...
Votre honneur !
Chmpchhhmngpch
Ah ?
Bien.
Une place étant libre au GWDC, cet ours y finira ses jours en captivité.
CLAC
Grlmpf

Au GWDC, les 8 grizzlys étaient voués à l'euthanasie. Ce placement était leur seule alternative.
8'0"
7'6"
7'0"
6'6"
CORAM
Motifs d'arrestation : promenades en ville et pillages de poubelles.
Complices : sa mère et sa sœur.
Profil : récidiviste. Déjà plusieurs condamnations à son actif.
Nécessaires pour les uns, injustes et excessives pour les autres, ces mesures ne font pas l'unanimité.
NAKINA
KOBUK
Motifs d'arrestation: vols de poulets.
Complice : mère (tuée par l'éleveur).
Profil : mineurs délinquants à fort risque de récidive.
Au GWDC, ces ours deviennent un support éducatif auprès des visiteurs,
GWDC
Tut, biologiste membre de l'équipe éducative du centre
dont la plupart sont des touristes qui se rendent au parc national juste à côté.
Notre but ce n'est pas de faire d'eux des experts du sauvage.
Mais qu'ils soient mieux renseignés, plus respectueux et ne se mettent pas en danger.
Certains visiteurs ont une vraie prise de conscience.
GWDC
On reçoit même des dons.
Le GWDC ne fait pas de profit. L'argent va au soin des animaux.
Leurs ours ne retourneront jamais dans la nature. Ils ne sont plus adaptés.
Malgré la captivité, les soigneurs et soigneuses travaillent à leur fournir un rythme proche de leur mode de vie naturel.
C'est dans un bâtiment à l'écart que les grizzlys ont leurs abris, surnommés «dens».
tanières
PUBLIC

Les «dens»
Sortie de l'ours 3 : ouverture de la trappe de son box et des trappes 1, 2, 3.
Grillage
Zone à humains
Zone à ours
Trappe sécurisée
Porte sécurisée
public
privé
Toujours un grillage entre humain et ours !
Enclos extérieur
Tunnel
Cage individuelle
Entrée
Les ours sortent une à deux fois par jour, selon leurs besoins, les saisons
...
Seuls, à deux ou trois maximum selon leurs affinités.
Gretchen, coordinatrice des soins aux animaux du centre depuis 15 ans
trappe
tunnel
Peu de gens ont accès aux dens, pour la tranquillité des ours.
Et les photos sont interdites.
Car sortie de son contexte, une image peut laisser penser qu'ils vivent enfermés et maltraités.
Les réseaux sociaux s'emballent vite.
Ce lieu n'est pas "beau".
Vieux bidon =jouet
Ciment
Mais les humains ont tendance à projeter leurs propres besoins sur les animaux. Certains ours préfèrent le ciment à la paille...
Parfois même ils ne veulent pas sortir, ces cages sont devenues leur maison.
Condi et Seeley sont de retour de leur sortie.
On va pouvoir leur faire leurs injections.
Morceaux de viande
Dr Stacy, vétérinaire du centre depuis 4 ans

Distraction
Condi
Cette ourse a un problème digestif.
pik
slurp
Après on s'occupera de sa sœur qui a une perte de poils.
Les ours du GWDC bénéficient de soins et vivent donc plus longtemps. (Record de 38 ans ici, contre 15 ans dans la nature.)
Seeley
Sides !
Côtés
On leur a appris des "tours" qui facilitent le suivi.
Là, elle comprend qu'il faut se placer flanc contre la grille.
D'autres permettent de vérifier leurs dents,
Mouth !
Bouche
leurs pieds ou leurs paumes.
Paws !
Pattes
Il arrive qu'on déplace un animal à l'université d'État de Washington pour une IRM, une radio...
Les grizzlys ont un régime adapté à leur âge et à leur corpulence.
Majorité de végétaux
+25% de protéines
DOG FOOD
Parfois des poissons vivants sont intégrés au bassin par les soigneurs.
Et de jeunes visiteurs peuvent venir cacher des "bonus" dans l'enclos.
fruits, miel
Cela maintient les ours actifs.
Tut
GWDC STAFF
Cette activité fait partie des programmes éducatifs que nous proposons aux visiteurs. Il y a aussi des démonstrations de bear spray, des exposés de naturalistes ou de rangers...

Des programmes nécessaires, au vu du nombre de personnes qui semblent déconnectées des réalités de la vie sauvage.
Au Bear World, situé à 140km du GWDC, dans l'Idaho, le parc animalier se confond avec le parc d'attractions. Les visiteurs peuvent y nourrir un ourson.
EXPÉRIENCE UNIQUE DANS UNE VIE !
75 $/ PERSONNE
BEAR WORLD
Manèges
Animaux
Boutique de souvenirs
Un enquêteur de PETA y a travaillé sous couverture en 2022.
Association de protection des animaux
Il a constaté des absences de soins, des comportements violents, et des séparations prématurées des oursons et des mères.
STAFF
« Dans leur habitat forestier naturel, les ours sont curieux, énergiques et en mouvement pendant la majeure partie de la journée... »
« Passant du temps à chercher une grande variété d'aliments et à creuser la terre meuble, les sous-bois et les feuilles... »
« Normalement, les oursons noirs passent jusqu'à deux ans avec leur mère, grandissant et apprenant à survivre... »
« Mais ici les employés séparent les oursons de leur mère à seulement 8 semaines... »
« Tout ce qui donne un sens à leur vie leur est retiré. »
Bear World ne s'est vu infliger qu'une amende et continue son activité, qui enfreint pourtant plusieurs règles d'État...

Au parc de Yellowstone, les touristes déconnectés de la réalité créent des situations dangereuses.
Le phénomène n'est pas nouveau.
July 1956
august 1969
Jusqu'aux années 1970, le contact avec les animaux n'était pas encadré.
LUNCH COUNTER FOR BEARS ONLY
L'administration du parc était même complice de cet «apprivoisement» des ours.
Décharge à ciel ouvert, devenue un point d'observation pour visiteurs.
Les débordements nombreux ont obligé les autorités à prendre des mesures.
DANGER
DO NOT APPROACH OR FEED
Ne pas approcher ou nourrir.
Aujourd'hui, de telles scènes n'ont plus lieu au parc.
Mais si la plupart des ours ont intégré cette prise de distance, les imprudences de touristes restent un problème quotidien.
1391 Posts 470 K Followers 172 Following
TouronsOfYellowstone
Tourists + Morons = Tourons!
Touristupides de Yellowstone
DANGER
Je comprends que la vie sauvage soit très excitante ici. Chez moi, en Pennsylvanie, il y a surtout des cerfs et des écureuils...
Mais il ne me viendrait pas à l'idée de m'approcher comme ça.
Cassie, touriste au parc
Surtout avec cette randonneuse tuée par un grizzly. Ça a rendu le risque très concret.

J'assiste très souvent à des scènes absurdes...
Entre collègues, on appelle ça "l'effet Blanche-Neige".
Nick, employé du parc
Les gens semblent penser que les animaux sauvages sont sympas.
Même les plus mortels.
Au parc national de Yellowstone, ce sont les rangers qui doivent veiller à la sécurité des visiteurs et des animaux.
Alerte : grizzly à Norris
Mais ils ne peuvent pas être partout...
Alerte : bison jam à Hayden Valley
embouteillage
Alerte : bear jam sur la route du lac
Parmi les rangers du parc, une douzaine sont spécialisés dans la prévention des interactions humains-ours.
On appelle ça du BEAR MANAGEMENT!
On a compris que la gestion des ours était d'abord la gestion des personnes.
Il faut les empêcher d'approcher ou de nourrir les ours.
Objectif : Chacun reste de son côté !

Ce travail implique aussi d'autres missions préventives : éloigner les carcasses des chemins,
surveiller les lieux où il y a eu des signalements,
Caméra
poser des panneaux, des conteneurs anti-ours...
CAMPIN
L'interface routière représente le plus gros challenge,
U.S. PARK
car il y a des ours qui s'approchent, et beaucoup de touristes...
Pas plus près !
Avec près de 1000 bear jams, les mois d'été sont les plus chargés.
CLAC
CLAC
CLAC
Oh ...
Oooh ...
Il faut leur rappeler les limites.

Les ours sont des créatures fascinantes, mais il est possible de vivre cette passion à bonne distance !
Austen, résident du GYE, amoureux des ours
Je consacre la plupart de mon temps à les observer.
Hop
Caméra à détecteur de mouvement
Carte mémoire
Tatouage des coordonnées du lieu où il a vu son premier grizzly
Je récupère de super vidéos !
Je ne place pas mes caméras au hasard. J'ai su que des animaux venaient se frotter ici en raison de l'écorce polie et des poils collés à la sève de ce pin.
38°F 05/16/2023 10:58PM SAWTEL
Austen défie pourtant les recommandations en se promenant seul.
Mais jusque-là, sa connaissance du terrain et des ours l'a préservé.
Une seule fois j'ai cru que j'aurais à utiliser mon bear spray.
ours debout et qui renifle = vous êtes repéré
Mais le grizzly est simplement parti.

Tout le monde n'exprime pas son amour des grizzlys de la même façon...
Ces derniers font rêver les chasseurs de trophées,
qui militent pour qu'ils soient retirés de la liste des espèces protégées. Un sujet brûlant et clivant aux USA.
Les partisans du retrait de la liste avancent plusieurs arguments :
ETUDE
US FISH & WILDLIFE SERVICE
La population des grizzlys est rétablie dans le GYE.
Selon le rapport annuel de l'US Fish & Wildlife
Leur forte densité représente un risque concret.
Pour la sécurité des personnes,
pour les animaux d'élevage,
pour les cultures.
Avec des conséquences morales et économiques pour les agriculteurs.
D'où la nécessité d'une régulation par l'Homme.
Création d'une saison de chasse aux grizzlys
Leurs opposants estiment que malgré le rétablissement de leur population, les grizzlys restent vulnérables :
Conséquences du dérèglement climatique.
Raréfaction des ressources
Dégradation de l'habitat
Isolement génétique
Pour rester résistante, une population doit pouvoir se mélanger avec d'autres. Or les grizzlys du GYE sont isolés géographiquement.
Notre amour est impossible Doug, je suis ta cousine !
Des grizzlys meurent au cours ou suite à des interactions avec les humains.
Par ailleurs :
La population de grizzlys peut s'équilibrer seule en fonction des ressources disponibles.
Selon des études du service du parc.
Les grizzlys sont une «espèce parapluie»: les protéger c'est aussi protéger tout l'écosystème dans lequel ils vivent.

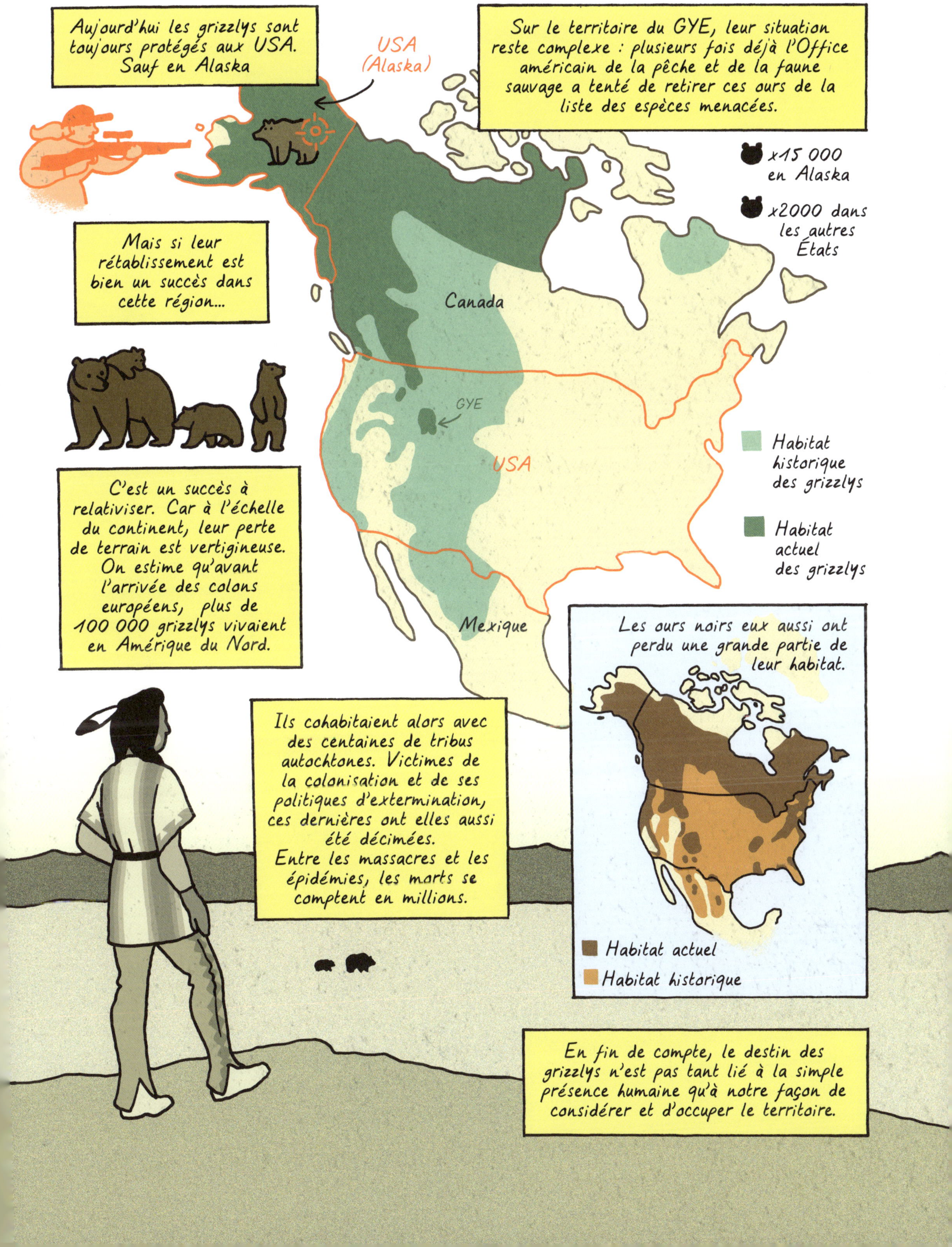

Aujourd'hui les grizzlys sont toujours protégés aux USA. Sauf en Alaska
USA (Alaska)
Sur le territoire du GYE, leur situation reste complexe : plusieurs fois déjà l'Office américain de la pêche et de la faune sauvage a tenté de retirer ces ours de la liste des espèces menacées.
x15 000 en Alaska
x2000 dans les autres États
Mais si leur rétablissement est bien un succès dans cette région...
Canada
GYE
USA
Mexique
Habitat historique des grizzlys
Habitat actuel des grizzlys
C'est un succès à relativiser. Car à l'échelle du continent, leur perte de terrain est vertigineuse. On estime qu'avant l'arrivée des colons européens, plus de 100 000 grizzlys vivaient en Amérique du Nord.
Les ours noirs eux aussi ont perdu une grande partie de leur habitat.
Habitat actuel
Habitat historique
Ils cohabitaient alors avec des centaines de tribus autochtones. Victimes de la colonisation et de ses politiques d'extermination, ces dernières ont elles aussi été décimées. Entre les massacres et les épidémies, les morts se comptent en millions.
En fin de compte, le destin des grizzlys n'est pas tant lié à la simple présence humaine qu'à notre façon de considérer et d'occuper le territoire.

Cohabiter avec un grand prédateur est possible mais implique des adaptations, voire des sacrifices.
Notamment celui de renoncer à l'un des plus grands privilèges des sociétés modernes : posséder tout l'espace et s'y sentir en sécurité.
Mais s'adapter c'est aussi préserver un écosystème viable pour la faune, pour nous, et pour les générations futures.

Merci

À la Villa Albertine.
À Sabine de Maussion, à l'équipe de San Francisco et à celle de New York
pour leur accompagnement lors de la résidence.

À Gisèle de Haan, éditrice de Dargaud, et Laurence Fredet,
rédactrice en chef de la revue *TOPO*, d'avoir soutenu et suivi ce projet.

À Ursula, Jim, Rosie, Nick et tous les humains et humaines rencontré.e.s en
pays grizzly, pour leur accueil chaleureux, leur aide et leurs anecdotes.

Au collectif Non-Étoile et aux stars du plateau Lounge.

Enfin à celles et ceux qui ont travaillé à la fabrication de ce livre.

Cet ouvrage est le fruit d'une résidence d'exploration
menée dans la région de Yellowstone en 2023, avec le soutien de la Villa Albertine,
établissement culturel de l'Ambassade de France aux États-Unis.

Villa Albertine

AMBASSADE DE FRANCE
AUX ÉTATS-UNIS
Liberté
Égalité
Fraternité

© Alice Chemama

Un peu de lecture sur les ours et notre rapport au vivant...

The Wild Bears - George Laycock
Do (Not) Feed the Bears: The Fitful History of Wildlife and Tourists in Yellowstone - Alice Wondrak Biel
Désert solitaire - Edward Abbey
Mes années Grizzly - Doug Peacock
L'Ours - Michel Pastoureau
Croire aux fauves - Nastassja Martin
Sur la piste animale - Baptiste Morizot

Certifié PEFC
Ce produit est issu de forêts gérées durablement et de sources contrôlées
PEFC
10-31-1800
www.pefc-france.org

www.dargaud.com

PREMIÈRE ÉDITION
Directrice de collection : Gisèle de Haan

Dépôt légal : mars 2025 • 978-2205-21172-6
Imprimé et relié en février 2025 par PPO Graphic – 10, rue de la Croix-Martre, 91120 Palaiseau, France